PHP: Guida Completa allo Sviluppo e Programmazione di Siti Web Dinamici. Contiene Esempi di Codice ed Esercizi Pratici.

Oscar R. Frost

Published by Oscar R. Frost, 2024.

While every precaution has been taken in the preparation of this book, the publisher assumes no responsibility for errors or omissions, or for damages resulting from the use of the information contained herein.

PHP: GUIDA COMPLETA ALLO SVILUPPO E PROGRAMMAZIONE DI SITI WEB DINAMICI. CONTIENE ESEMPI DI CODICE ED ESERCIZI PRATICI.

First edition. March 26, 2024.

ISBN: 979-8224226146

Written by Oscar R. Frost.

Also by Oscar R. Frost

Raspberry Pi: Scopri Tutti i Segreti per lo Sviluppo e Programmazione del Micro Computer per Maker e Hobbisti. Contiene Esempi di Codice ed Esercizi Pratici

MySQL: Guida Completa ai Database SQL per Principianti. Contiene Esempi di Codice ed Esercizi Pratici.

Arduino: Scopri Tutti i Segreti per lo Sviluppo e la Programmazione del Microcontrollore per Maker e Hobbisti. Contiene Esempi di Codice ed Esercizi Pratici.

Angular: Guida Completa allo Sviluppo e Programmazione di Siti Internet Dinamici e Web App con AngularJS. Contiene Esempi di Codice ed Esercizi Pratici

C++: Guida Completa al Linguaggio e alla Programmazione ad Oggetti. Contiene Esempi di Codice ed Esercizi Pratici

CSS: Guida Completa allo Sviluppo di Fogli di Stile per Web Design e la Creazione di Siti Internet. Contiene Esempi di Codice ed Esercizi Pratici

PHP: Guida Completa allo Sviluppo e Programmazione di Siti Web Dinamici. Contiene Esempi di Codice ed Esercizi Pratici.

Sommario

Premessa

Durante il corso degli anni diversi linguaggi si sono susseguiti, alcuni sono stati usati per poco tempo, altri sono più longevi. PHP è sicuramente un linguaggio longevo poiché nel 1994 nasceva la sua prima versione. Nel corso degli anni molti altri linguaggi hanno cercato di prendere il suo posto, alcuni si sono avvicinati, altri non ci sono riusciti tuttavia PHP è un linguaggio che ha continuato ad evolversi per restare al passo con i tempi. In questo modo ha facilitato lo sviluppo ai programmatori Web aggiungendo funzionalità sempre nuove ed interessanti, ottimizzate in modo davvero eccellente.

PHP non è un linguaggio difficile, ma non è nemmeno molto semplice infatti ogni sito Web è diverso, quindi è impossibile prendere uno script, incollarlo in una pagina Web e aspettarsi che funzioni. L'obiettivo è quello di aiutare i web designer con poca o nessuna conoscenza della programmazione a guadagnare la fiducia necessaria per immergersi nel codice e adattarlo alle proprie esigenze.

Capitolo 1: Cos'è PHP

Ufficialmente, PHP sta per PHP: Hypertext Preprocessor e, anche se può sembrare un nome poco carino, questo libro ha lo scopo di aiutarti a programmare con PHP e nel frattempo farti capire cosa rende così felici i programmatori PHP e perché lo usano. PHP è un linguaggio di scripting che dà vita ai siti Web in diversi modi:

- Carica i file attraverso una pagina Web
- Genera miniature da immagini più grandi
- Legge e scrive su file
- Visualizza e aggiorna le informazioni in modo dinamico
- Può usare un database per visualizzare e archiviare informazioni
- Rende indicizzabili i siti Web
- E tanto altro ancora...

Leggendo questo ebook, sarai in grado di fare tutto questo. PHP è facile da imparare; è indipendente dalla piattaforma, quindi lo stesso codice funziona sia su Windows, che su Mac OS X che su Linux e tutto il software che devi sviluppare con PHP è open source quindi gratuito. PHP è una tra le tecnologie più utilizzate per la creazione di siti Web dinamici, ma uno dei suoi obiettivi principali era quello di creare un libro degli ospiti raccogliendo informazioni da un modulo online e visualizzandolo su una pagina web.

PHP viene utilizzato per creare contenuti dinamici da oltre l'80 percento dei 10 milioni di siti Web che analizza regolarmente. È il linguaggio che muove i più famosi sistemi di gestione dei contenuti (CMS) come Drupal, Joomla! e WordPress. Oltre a questi viene usato anche da Facebook e Wikipedia. Già questo basterebbe per dare fiducia ad un linguaggio ma una delle grandi attrazioni di PHP, tuttavia, è che rimane fedele alle sue radici. Il creatore originale di PHP, Rasmus Lerdorf, lo descrisse come "un linguaggio di scripting molto adatto ai programmatori, adatto a persone con poca o nessuna esperienza di programmazione così come allo sviluppatore Web esperto che ha bisogno di risolvere problemi rapidamente." Puoi iniziare a scrivere script interessanti senza dover imparare molta teoria, ma sai che la stessa tecnologia può essere usata anche a livello industriale o per progetti molto grandi.

PHP è stato originariamente progettato per essere incorporato nell'HTML di una pagina Web, ed è così che viene spesso utilizzato. Ad esempio, se si desidera visualizzare l'anno corrente in un avviso di copyright, è possibile inserirlo nel piè di pagina:

```
<p>&copy; <?php echo date('Y'); ?> Copyright</p>
```

Su un server Web abilitato per PHP, il codice tra i tag <?php e ?> viene elaborato automaticamente e visualizza l'anno corrente in questo modo:

Questo è solo un esempio banale, ma illustra alcuni dei vantaggi dell'utilizzo di PHP:

- ogni utente vedrà l'anno corretto perché è il server che lo imposta;
- la data viene calcolata dal server Web, quindi non viene influenzata dall'orologio del computer dell'utente che potrebbe essere impostato in modo errato.

Sebbene sia conveniente incorporare il codice PHP in HTML in questo modo, è ripetitivo e può causare errori. Può anche rendere difficile la gestione delle tue pagine Web, in particolare quando inizi a utilizzare un codice PHP più complesso. Di conseguenza, è buona norma memorizzare il codice in file separati e quindi utilizzare PHP per creare le tue pagine dai diversi componenti.

Questi file separati possono contenere solo PHP, solo HTML o una combinazione di entrambi creando delle vere e proprie componenti riusabili.

A titolo di esempio, puoi inserire il menu di navigazione del tuo sito Web in un file da includere e utilizzare PHP per includerlo in ogni pagina. Ogni volta che è necessario apportare modifiche al menu, si modifica solo un file e le modifiche si riflettono automaticamente in ogni pagina che include il menu. Immagina quanto tempo puoi risparmiare in un sito Web con centinaia di pagine!

Con una normale pagina HTML, il contenuto viene fissato dallo sviluppatore Web in fase di progettazione e caricato sul server Web. Quando qualcuno visita la pagina, il server Web invia semplicemente l'HTML e altre risorse, come le immagini e i fogli di stile. È un'architettura molto semplice: la richiesta proviene dal browser e il contenuto, impostato dal programmatore, viene rispedito dal server. Quando crei pagine Web con PHP, non è così semplice infatti quando viene visitato un sito Web basato su PHP, viene attivata la seguente sequenza di eventi:

1. Il browser invia una richiesta al server web;

2. Il web server passa la richiesta al motore PHP, che è incorporato nel server;

3. Il motore PHP elabora il codice. In molti casi, vengono eseguite anche delle query su un database;

4. Il server invia la pagina completa al browser.

Questo processo di solito richiede solo qualche frazione di secondo, quindi è improbabile che il visitatore di un sito Web PHP noti alcun ritardo. Poiché ogni pagina è costruita individualmente, i siti PHP possono rispondere all'input dell'utente, visualizzando contenuti specifici, ad esempio, dopo aver effettuato l'accesso al sito.

PHP è una lingua lato server ed il codice PHP rimane sul server web. Dopo che è stato elaborato, il server invia solo l'output dello script al browser del visitatore. Normalmente si tratta di HTML, ma PHP può essere utilizzato anche per generare altri linguaggi Web, come JSON (JavaScript Object Notation). PHP ti consente di introdurre una logica nelle tue pagine web basata su alternative. Alcune decisioni vengono prese utilizzando le informazioni che PHP raccoglie dal server: la data, l'ora, il giorno della settimana, le informazioni nell'URL della pagina e così via. Immaginiamo di creare un sito Web con i programmi TV del giorno corrente, siamo sicuri che se è mercoledì, mostrerà i programmi TV del mercoledì. Altre volte, le decisioni si basano sull'input dell'utente, che PHP estrae dai moduli online. Se ti sei registrato ad un sito, verranno visualizzate informazioni personalizzate come nome, cognome, immagine del profilo ecc. Tutto questo è sicuro perché il sito Web riceve solo l'output di uno script ma non sa come è fatto lo script.

Riguardo la sicurezza, PHP è come l'elettricità o i coltelli da cucina della tua casa: gestiti correttamente, sono molto sicuri; gestiti in modo irresponsabile, possono causare molti danni. PHP non è pericoloso, né tutti devono diventare esperti di sicurezza per utilizzarlo. L'importante è comprendere il principio di base della sicurezza PHP: controllare sempre l'input dell'utente prima di elaborarlo. La maggior parte dei rischi per la sicurezza può essere eliminata con il minimo sforzo. Il modo migliore per proteggerti è capire il codice che stai utilizzando e metterti nei panni di un utente malevolo che vuole rubare dati dal tuo server.

Capitolo 2: Strumenti

Per essere precisi, non è necessario alcun software speciale per scrivere script PHP infatti il codice PHP è un semplice testo e può essere creato in qualsiasi editor di testo, come Blocco note su Windows o TextEdit su Mac OS X. Detto questo, programmare sarà molto più semplice se usi un software con funzionalità progettate per accelerare la processo di sviluppo. Ce ne sono molti disponibili, sia gratuiti che a pagamento.

Grazie a questi strumenti se c'è un errore nel tuo codice, te ne potrai accorgere ben prima di arrivare al browser bensì direttamente in fase di programmazione e non in fase di test. Dovresti scegliere un editor con le seguenti caratteristiche:

- Controllo della sintassi PHP: i correttori di sintassi monitorano il codice durante la digitazione e evidenziano subito gli errori, risparmiando molto tempo e frustrazioni;
- Colorazione della sintassi PHP: il codice viene evidenziato in diversi colori in base al ruolo che svolge. Se il tuo codice ha un colore rosso o inaspettato, molto probabilmente hai commesso un errore;
- Suggerimenti sul codice PHP: PHP ha così tante funzioni integrate che può essere difficile ricordare come usarle, anche per un utente esperto. Molti editor di script visualizzano automaticamente i suggerimenti con promemoria su come funziona o sui parametri in ingresso;
- Numerazione delle righe: trovare rapidamente una riga

specifica semplifica notevolmente la risoluzione dei problemi;

- Una funzione per bilanciare le parentesi: parentesi (()), parentesi quadre ([]) e parentesi graffe ({}) devono sempre trovarsi in coppie corrispondenti. È facile dimenticare di chiudere un paio, tuttavia, gli editor di script ti aiutano a risolvere questo problema.

Anche se non hai intenzione di sviluppare molto codice in PHP, dovresti prendere in considerazione l'uso di un editor dedicato se il tuo programma di sviluppo Web non supporta il controllo della sintassi. I seguenti editor dedicati hanno tutte le funzionalità essenziali, come il controllo della sintassi e suggerimenti sul codice. Non è un elenco esaustivo, ma piuttosto basato sull'esperienza personale.

- PhpStorm è programma di editing PHP dedicato ed offre un eccellente supporto per HTML, CSS e JavaScript. Attualmente è il mio programma preferito per lo sviluppo con PHP.
- Sublime: se sei un fan di Sublime Text, ci sono plug-in per la colorazione della sintassi PHP, il controllo della sintassi e la documentazione.
- Zend Studio: se sei davvero serio sullo sviluppo di PHP, Zend Studio è l'ambiente di sviluppo integrato (IDE) più completo per PHP. Zend Studio funziona su Windows, Mac OS X e Linux. In passato era costoso, ma il prezzo per i singoli sviluppatori è ora molto più conveniente.
- Atom: è un IDE davvero personalizzabile, esiste un

plugin per tutto, PHP incluso.

- Komodo: IDE gratuito e open source per PHP e una serie di altri linguaggi informatici popolari. È disponibile per Windows, Mac OS X e Linux.

Allora configura il tuo ambiente perché ora siamo pronti per partire ed iniziare a sviluppare.

Capitolo 3: Installazione

Ora che hai deciso di utilizzare PHP per arricchire le tue pagine web, devi assicurarti di avere tutto il necessario per andare avanti. Anche se puoi testare tutto sul tuo server remoto, di solito è più conveniente testare le pagine PHP sul tuo computer locale tanto tutto ciò che devi installare è gratuito. In questo capitolo, spiegherò le varie opzioni per Windows e Mac OS X. I componenti necessari sono normalmente installati di default su Linux.

Il modo più semplice per scoprire se il tuo sito Web supporta PHP è chiedere alla tua società di hosting ma solitamente PHP è supportato di default. L'altro modo per scoprirlo è caricare una pagina PHP sul tuo sito Web e vedere se funziona. Anche se sai già che il tuo sito supporta PHP, fai il seguente test per vedere quale versione è in esecuzione:

1. Aprire un editor di testo, ad esempio Blocco note o TextEdit, e digitare il seguente codice in una pagina vuota:

```
<? php echo phpversion (); ?>
```

1. Salvare il file come *phpversion.php*. È importante assicurarsi che il sistema operativo in uso non aggiunga l'estensione *.txt* dopo *.php*. Gli utenti Mac dovrebbero inoltre assicurarsi che TextEdit non salvi il file in formato RTF (Rich Text Format);
2. Carica *phpversion.php* sul tuo sito web come faresti con

una pagina HTML, quindi digita l'URL in un browser. Supponendo che tu abbia caricato il file al livello più alto del tuo sito, l'URL sarà simile a http://www.tuosito.it/phpversion.php. Se sullo schermo vedi un numero diviso in tre parti come 5.6.1 PHP è abilitato. Il numero indica quale versione di PHP è in esecuzione sul tuo server. È necessario disporre almeno della versione 5.4.0 per le funzioni di questo ebook;

3. Se ricevi un messaggio di errore probabilmente PHP è supportato ma hai commesso un errore nel digitare il codice nel file;

4. Se vedi solo il codice che hai inserito senza alcuna versione di PHP, significa che PHP non è supportato.

Se il tuo server esegue PHP 5.3 o precedente, contattalo per informarlo che desideri la versione più recente di PHP.

A differenza delle normali pagine Web, non puoi semplicemente fare doppio clic sulle pagine PHP e visualizzarle nel tuo browser. Queste pagine devono essere analizzate o elaborate attraverso un server Web che supporta PHP. Se la tua società di hosting supporta PHP, puoi caricare i tuoi file sul tuo sito Web e testarli in remoto, tuttavia, devi caricare il file ogni volta che apporti una modifica. Se vuoi lavorare subito con PHP, usa il tuo sito web come banco di prova. Scoprirai presto la necessità di un ambiente di test PHP in locale quindi vediamo come fare.

Per testare le pagine PHP sul tuo computer locale, devi installare quanto segue:

- Un server Web: un software che visualizza pagine Web
  che può risiedere nel tuo stesso pc;
- PHP;
- MySQL e un front-end per MySQL chiamato
  phpMyAdmin, necessari per funzionare con un
  database.

Per molti anni, ho raccomandato di installare separatamente
ogni componente di un ambiente di test PHP, piuttosto che
utilizzare un pacchetto contenente *Apache, PHP, MySQL* e
phpMyAdmin in un'unica operazione. All'inizio erano facili da
installare ma erano quasi impossibili da disinstallare o
aggiornare. I pacchetti all-in-one attualmente disponibili sono
eccellenti e non esito a raccomandarli ora infatti sui miei
computer, utilizzo **XAMPP** per Windows e **MAMP** per Mac
OS X. Sono disponibili altri pacchetti ma non importa quale
scegli.

Windows

Per impostazione predefinita, la maggior parte dei computer
Windows nasconde l'estensione di tre o quattro lettere, come
.doc o *.html*, quindi tutto ciò che vedi nelle finestre di dialogo
così come in Esplora file di Windows nasconde la sua estensione.
Windows 8 visualizza l'estensione del file per i file PHP, ma è
utile attivare la visualizzazione dell'estensione del nome per tutti
i file. Utilizza queste istruzioni per abilitare la visualizzazione
delle estensioni di file in Windows 8/10:

1. Apri Esplora file.

2. Seleziona Visualizza per espandere la barra multifunzione nella parte superiore della finestra Esplora file.
3. Selezionare la casella di controllo "Estensioni nome file".

Visualizzando l'estensione dei file sei più al sicuro: puoi sapere se un documento dall'aspetto innocente è in realtà un virus.

La maggior parte delle installazioni PHP vengono eseguite sul server Web Apache. Entrambi sono open source e funzionano bene insieme. Tuttavia, Windows ha un proprio server Web, Internet Information Services (IIS), che supporta anche PHP. Microsoft ha lavorato a stretto contatto con il team di sviluppo di PHP per migliorare le prestazioni di PHP su IIS eguagliando Apache. Quindi, quale dovresti scegliere? La risposta dipende dal fatto che si sviluppino pagine Web utilizzando ASP o ASP.NET o che si intenda farlo. A meno che tu non abbia bisogno di IIS per ASP o ASP.NET, ti consiglio di installare Apache, usando XAMPP o uno degli altri pacchetti all-in-one. Se è necessario utilizzare IIS, il modo più conveniente per installare PHP è utilizzare il programma di installazione della piattaforma Web Microsoft (Web PI).

Esistono tre pacchetti popolari per Windows che installano Apache, PHP, MySQL, phpMyAdmin e molti altri strumenti sul tuo computer in un'unica operazione: XAMPP, WampServer e EasyPHP. Il processo di installazione richiede normalmente solo pochi minuti e, una volta installato il pacchetto, potrebbe essere necessario modificare alcune impostazioni, come vedremo in seguito.

MacOS X

Sia il web server Apache sia PHP sono preinstallati su Mac OS X, ma non sono abilitati per impostazione predefinita. Al posto di utilizzare le versioni preinstallate, ti consiglio di utilizzare **MAMP**, che installa Apache, PHP, MySQL, phpMyAdmin e molti altri strumenti in una sola operazione. Per evitare conflitti con le versioni preinstallate di Apache e PHP, MAMP individua tutte le applicazioni in una cartella dedicata sul disco rigido semplificando la disinstallazione di tutto semplicemente trascinando la cartella MAMP nel Cestino, qualora necessario.

Prima di iniziare, assicurati di aver effettuato l'accesso al tuo computer con privilegi di amministratore.

- Scarica l'immagine gratuita di MAMP;
- Al termine del download, avvia l'immagine del disco e prosegui accettando il contratto di licenza. Prosegui per continuare con il montaggio dell'immagine del disco;
- Segui le istruzioni visualizzate;
- Verifica che MAMP sia stato installato nella cartella Applicazioni.

MAMP di default utilizza porte non standard per Apache e MySQL. A meno che non si utilizzino più installazioni di Apache e MySQL, è necessario modificare le impostazioni della porta come segue:

1. Fare doppio clic sull'icona MAMP in Applicazioni / MAMP. Il tuo browser predefinito dovrebbe avviarsi e presentarti la pagina di benvenuto di MAMP. Nota

che l'URL nella barra degli indirizzi del browser inizia con localhost:8888. Questo indica che il sistema gira in locale e sulla porta 8888 ovvero indica che Apache è in attesa di richieste sulla porta non standard 8888;

2. Apri il pannello di controllo MAMP, che dovrebbe essere in esecuzione sul desktop. Le piccole luci verdi vicino ad Apache Server e MySQL Server indicano che entrambi i server sono in esecuzione;

3. Fai clic sull'icona *Preferenze* e selezionare il tab *Porte* nella parte superiore del pannello. Qui vedrai le porte su cui Apache e MySQL sono in esecuzione ovvero 8888 e 8889;

4. Fai clic su "Imposta le porte Web e MySQL su 80 e 3306" per impostare la configurazione standard;

5. Fai clic su OK e inserisci la password del Mac quando richiesto in modo che MAMP possa riavviare entrambi i server;

6. Quando entrambe le spie sono di nuovo verdi, fare clic su "Apri pagina iniziale" nel pannello di controllo di MAMP. Questo ricarica la pagina di benvenuto di MAMP nel tuo browser. Questa volta, l'URL non dovrebbe avere due punti seguiti da un numero dopo localhost perché Apache ora è in ascolto sulla porta predefinita.

Dove sono i file?

È necessario creare i file in una posizione in cui il server Web possa elaborarli. Normalmente, ciò significa che i file devono trovarsi ad un livello alto del server o in una sottocartella di quel livello. Il percorso predefinito per le impostazioni più comuni è il seguente:

- XAMPP: C:\xampp\htdocs
- WampServer: C:\wamp\www
- EasyPHP: C:\EasyPHP\www
- IIS: C:\inetpub\wwwroot
- MAMP: Macintosh HD:Applications:MAMP:htdocs

Per visualizzare una pagina PHP, è necessario caricarla in un browser utilizzando un URL. L'URL per la pagina principale del server Web nell'ambiente locale è http://localhost/.

Verificare l'installazione

Dopo aver installato PHP, è una buona idea controllare le sue impostazioni di configurazione. Oltre alle funzionalità principali, PHP ha un gran numero di estensioni opzionali. Entrambi i pacchetti all-in-one e Microsoft Web PI installano tutte le estensioni necessarie per questo ebook. Tuttavia, alcune delle impostazioni di configurazione di base potrebbero essere leggermente diverse. Per evitare problemi imprevisti, controlla che la tua configurazione di PHP sia uguale alla seguente in modo che corrisponda alle impostazioni consigliate.

PHP ha un comando integrato, phpinfo(), che mostra i dettagli di come PHP è configurato sul server. La quantità di dettagli prodotti da questo comando può sembrare un enorme sovraccarico di informazioni ma è preziosa per determinare perché qualcosa funziona perfettamente sul tuo computer locale ma non sul tuo sito web. Di solito il problema si trova nel server remoto che ha disabilitato una funzione o non ha installato un'estensione opzionale. I pacchetti all-in-one semplificano l'esecuzione di phpinfo():

• XAMPP: fai clic sul collegamento phpinfo nel menu a sinistra della schermata di benvenuto di XAMPP.

• MAMP: fai clic su phpinfo nel menu principale nella parte superiore della pagina iniziale di MAMP.

• WampServer: apri il menu WampServer e fai clic su Localhost. Il collegamento per phpinfo() si trova in Strumenti.

La pagina che troverai sarà qualcosa di simile a questa:

PHP Version 7.3.18

Build Date	May 12 2020 19:48:27
Compiler	MSVC15 (Visual C++ 2017)
Architecture	x64
Configure Command	cscript /nologo /e:jscript configure.js "--enable-snapshot-build" "--enable-debug-pack" "--with-pdo-oci=c:\php-snap-build\deps_aux\oracle\x64\instantclient_12_1\sdk,shared" "--with-oci8-12c=c:\php-snap-build\deps_aux\oracle\x64\instantclient_12_1\sdk,shared" "--enable-object-out-dir=../obj/" "--enable-com-dotnet=shared" "--without-analyzer" "--with-pgo"
Server API	Apache 2.0 Handler
Virtual Directory Support	enabled
Configuration File (php.ini) Path	C:\WINDOWS
Loaded Configuration File	C:\xampp2020\php\php.ini
Scan this dir for additional .ini files	(none)
Additional .ini files parsed	(none)
PHP API	20180731
PHP Extension	20180731
Zend Extension	320180731
Zend Extension Build	API320180731,TS,VC15
PHP Extension Build	API20180731,TS,VC15
Debug Build	no
Thread Safety	enabled
Thread API	Windows Threads
Zend Signal Handling	disabled
Zend Memory Manager	enabled
Zend Multibyte Support	provided by mbstring
IPv6 Support	enabled
DTrace Support	disabled
Registered PHP Streams	php, file, glob, data, http, ftp, zip, compress.zlib, compress.bzip2, nftps, ftps, phar

Dovresti eseguire phpinfo() anche sul tuo server remoto per verificare quali funzionalità sono abilitate. Se le estensioni elencate non sono supportate, parte del codice in questo ebook non funzionerà quando caricherai i tuoi file sul tuo sito web. Qualora dovessi trovare una configurazione diversa sarà necessario modificare il file php.ini. Si tratta di un file molto lungo, che tende a turbare i nuovi arrivati nella programmazione, ma non c'è nulla di cui preoccuparsi. È un semplice testo e uno dei motivi della sua lunghezza è che contiene molti commenti che spiegano le varie opzioni. Detto questo, è una buona idea fare una copia di backup prima di modificare php.ini in caso di errore. Dopo averlo aperto troverai delle righe che iniziano con un punto e virgola (;) che sono commenti. Le righe che devi modificare non iniziano con un punto e virgola. La maggior parte delle direttive sono precedute da uno o più esempi di come dovrebbero essere impostate. Assicurati di non modificare uno degli esempi commentati per errore. Per le direttive che usano On o Off, basta cambiare il valore in quello raccomandato. Ad esempio, se è necessario attivare la visualizzazione dei messaggi di errore, modificare questa riga:

display_errors = Off

cambiandolo in questo:

display_errors = On

Per impostare il livello di segnalazione degli errori, è necessario utilizzare le costanti PHP, scritte in maiuscolo e con distinzione tra maiuscole e minuscole. La direttiva dovrebbe apparire così:

error_reporting = E_ALL

Dopo aver modificato php.ini, salva il file e riavvia Apache o IIS in modo che le modifiche abbiano effetto. Se il server Web non si avvia, controlla il file di registro degli errori del server. Si può trovare nelle seguenti posizioni:

- XAMPP: nel pannello di controllo di XAMPP, fai clic sul pulsante Registri accanto ad Apache, quindi seleziona Apache error.log.

- MAMP: in Applicazioni: MAMP: registri, fare doppio clic su apache_error.log per aprirlo in Console.
- WampServer: nel menu WampServer, selezionare Apache poi Registro errori Apache.
- EasyPHP: fare clic con il pulsante destro del mouse

sull'icona EasyPHP nella barra delle applicazioni e selezionare File di registro poi Apache;

- IIS: il percorso predefinito dei file di registro è C:\inetpub\logs.

La voce più recente nel registro degli errori dovrebbe fornire un'indicazione di ciò che ha impedito il riavvio del server. Utilizza tali informazioni per correggere le modifiche apportate al file php.ini. Se il problema persiste, usa il file di backup che hai salvato prima delle modifiche. Ricomincia e controlla attentamente le modifiche che apporti al file.

Capitolo 4: Codice PHP

A prima vista, il codice PHP può sembrare abbastanza complesso, ma una volta comprese le basi, scoprirai che la struttura è straordinariamente semplice. Se hai già lavorato con qualsiasi altro linguaggio di programmazione, come JavaScript o jQuery, scoprirai che hanno molto in comune.

Ogni pagina PHP deve avere quanto segue:

- L'estensione del file corretta, in genere *.php*
- Tag di apertura e chiusura PHP che circondano ogni blocco di codice PHP

Una tipica pagina PHP utilizzerà alcuni o tutti i seguenti elementi:

- Variabili che fungono da segnaposto per valori sconosciuti o che cambiano
- Matrici per contenere più valori
- Dichiarazioni condizionali per prendere decisioni
- Loop per eseguire attività in modo ripetuto
- Funzioni o oggetti per eseguire attività preimpostate

Diamo una rapida occhiata a ciascuno di questi elementi, iniziando dal nome del file e dai tag di apertura e chiusura.

PHP è un linguaggio usato lato server cioè il server Web elabora il tuo codice PHP e invia solo i risultati, in genere sottoforma di HTML, al browser. Poiché tutte le azioni sono sul server, devi indicare che le tue pagine contengono codice PHP. Ciò comporta due semplici passaggi, vale a dire:

- Assegnare a ogni pagina un'estensione del nome file PHP; il valore predefinito è *.php*;
- Racchiudere tutto il codice PHP all'interno dei tag PHP.

Il tag di apertura è <?php e il tag di chiusura è ?>. Se inserisci i tag sulla stessa riga del codice circostante, non è necessario che ci sia uno spazio prima del tag di apertura o dopo quello di chiusura, ma deve esserci uno spazio dopo il php nel tag di apertura in questo modo:

<p> **Questo è HTML con PHP incorporato** <? php // codice PHP?>. </p>

Quando inserisci più di una riga di PHP, è una buona idea mettere il tag di apertura e di chiusura su righe separate per motivi di chiarezza.

<?php

// riga di codice PHP

// un'altra riga di codice PHP

?>

Potresti imbatterti in <? come versione breve alternativa del tag di apertura, tuttavia, questo tag non funziona su tutti i server. Usa <?php in modo da non avere alcun problema di compatibilità tra server.

PHP è un linguaggio che viene incorporato in pagine Web, ciò significa che è possibile inserire blocchi di codice PHP all'interno di normali pagine Web. Quando qualcuno visita il tuo sito e richiede una pagina PHP, il server la invia al motore PHP, che legge la pagina dall'alto verso il basso alla ricerca di tag PHP. L'HTML non viene alterato ma, ogni volta che il motore PHP incontra un tag <?php, inizia l'elaborazione del codice e continua fino a raggiungere il tag di chiusura ?>. Se il codice PHP produce qualcosa in output, verrà inserito in quel punto della pagina.

Variabili

PHP fa uso anche di variabili ovvero un nome che dai a qualcosa che può cambiare o che non conosci in anticipo. Le variabili in php iniziano sempre con $ (un segno di dollaro). Sebbene il concetto di variabile sembri astratto, usiamo continuamente le variabili nella vita di tutti i giorni. Quando incontri qualcuno per la prima volta, una delle prime cose che chiedi è "Come ti chiami?" Non importa se la persona che hai appena incontrato è Antonio, Filippo o Gerry, la parola "nome" rimane costante. Allo stesso modo, con il tuo conto bancario, i soldi entrano ed escono tutto il tempo ma la quantità disponibile è sempre indicata come saldo. Quindi, "nome" e "saldo" sono variabili quotidiane. Metti un segno di dollaro davanti a loro e hai due variabili PHP già pronte, in questo modo:

$nome

$saldo

Puoi scegliere qualsiasi cosa ti piaccia come nome una variabile, purché tieni a mente le seguenti regole:

- Le variabili iniziano sempre con un simbolo di dollaro ($);
- Il primo carattere dopo il simbolo del dollaro non può essere un numero;
- Non sono ammessi spazi o segni di punteggiatura, ad eccezione del carattere di sottolineatura (_).
- I nomi delle variabili fanno distinzione tra maiuscole

e minuscole: $saldoiniziale e $saldoIniziale non sono uguali.

Quando si scelgono i nomi per le variabili, ha senso scegliere qualcosa che ti dica a cosa serve. Le variabili che hai visto finora sono dei buoni esempi. Poiché non puoi utilizzare spazi nei nomi delle variabili, è una buona idea scrivere in maiuscolo la prima lettera della seconda o delle parole successive parole quando le combini (detta notazione camelCase o a cammello). In alternativa, puoi usare un trattino basso ($saldo_iniziale) detta notazione a serpente o snake_case.

Non cercare di risparmiare tempo utilizzando variabili molto brevi infatti l'uso di $s, $p, $n e $b rende il codice più difficile da capire e ciò rende difficile la scrittura. Ancora più importante, rende gli errori più difficili da individuare. Come sempre, ci sono eccezioni ad una regola. Per convenzione, $i, $j e $k vengono spesso utilizzati per tenere conto del numero di volte in cui è stato eseguito un ciclo e $ e viene utilizzato nel controllo degli errori.

Le variabili ottengono i loro valori da diverse fonti, tra cui:

- Input dell'utente tramite moduli online
- Un database
- Una fonte esterna, come un feed di notizie o un file XML
- Il risultato di un calcolo
- Inclusione diretta nel codice PHP

Ovunque provenga il valore, viene sempre assegnato con un segno di uguale (=), in questo modo:

$variabile = valore;

La variabile va a sinistra del segno di uguale e il valore va a destra e poiché assegna un valore, il segno di uguale viene chiamato operatore di assegnazione.

PHP è scritto come una serie di comandi o istruzioni. Ogni istruzione normalmente dice al motore PHP di eseguire una determinata azione, e deve sempre essere seguita da un punto e virgola, come questo:

<?php

Fai questo;

ora fai questo;

?>

Come per tutte le regole, esiste un'eccezione: puoi omettere il punto e virgola se nel blocco di codice è presente una sola istruzione. Tuttavia, ti consiglio di non farlo perché a differenza di JavaScript, PHP non suppone automaticamente che ci dovrebbe essere un punto e virgola alla fine di una riga. Questo ha un piacevole effetto collaterale: puoi distribuire lunghe istruzioni su più righe e disporre il tuo codice per facilitarne la lettura. PHP, come HTML, ignora gli spazi bianchi nel codice. Al contrario, si basa sui punti e virgola per capire dove termina un comando e inizia quello successivo.

Gli array

In comune con altri linguaggi di calcolo, PHP consente di memorizzare più valori in un tipo speciale di variabile chiamato array. Immagina una matrice come una lista della spesa e sebbene ogni articolo possa essere diverso, puoi fare riferimento a essi collettivamente con un singolo nome. Immagina una variabile $listaSpesa che si riferisce collettivamente a cinque elementi: vino, pesce, pane, uva e formaggio.

I singoli elementi, o elementi dell'array, vengono identificati mediante un numero tra parentesi quadre che segue immediatamente il nome della variabile. PHP assegna il numero automaticamente, ma è importante notare che la numerazione inizia sempre da 0. Quindi il primo elemento dell'array, vino nel nostro esempio, viene indicato come $listaSpesa[0], e non come $listaSpesa[1] come ci si potrebbe aspettare. Per lo stesso motivo, sebbene ci siano cinque elementi, l'ultimo (formaggio) si trova con $listaSpesa[4]. Il numero viene indicato come chiave o indice dell'array e questo tipo di array viene chiamato **array indicizzato**.

PHP utilizza un altro tipo di array in cui la chiave è una parola (o qualsiasi combinazione di lettere e numeri). Ad esempio, un array potrebbe apparire così:

$articolo['titolo']='Spugna per cucina';

$articolo['produttore']='Azienda Pippo';

$articolo['quantita'] = '100';

$articolo['id'] = '9238-1-442-036-2';

Questo tipo di array è chiamato **array associativo**. Nota che la chiave dell'array è racchiusa tra virgolette (possono essere singole o doppie, non importa) e non deve contenere spazi o punteggiatura.

Le matrici sono una parte importante e utile di PHP infatti sono molto usate. Le matrici vengono ampiamente utilizzate con i database quando si recuperano i risultati di una ricerca che vengono storicizzati in una serie di matrici.

PHP ha diversi array integrati che vengono automaticamente compilati con informazioni utili. Sono chiamati **array superglobali** e iniziano tutti con un segno di dollaro seguito da un trattino basso. Due che vedrai frequentemente sono $_POST e $_GET. Contengono informazioni passate dai form attraverso in post tramite il protocollo HTTP (Hypertext Transfer Protocol). Gli array superglobali sono tutti array associativi e le chiavi di $_POST e $_GET vengono automaticamente derivate dai nomi degli elementi del modulo o delle variabili in una stringa di query alla fine di un URL. Supponiamo che tu abbia un campo di input di testo chiamato "indirizzo" in un modulo; PHP crea automaticamente un elemento array chiamato $_POST['indirizzo'] quando il modulo è inviato dal metodo post o $_GET['indirizzo'] se usi il metodo GET. $_POST['indirizzo'] contiene il valore immesso da un visitatore nel campo di testo, che consente di visualizzarlo sullo schermo, inserirlo in un database, inviarlo alla posta in arrivo o fare ciò che si desidera.

Valori speciali

Sebbene il testo debba essere racchiuso tra virgolette, esistono tre valori speciali - true, false e null – che non dovrebbero mai essere racchiusi tra virgolette a meno che non si desideri trattarli come testo (o stringhe). I primi due significano cosa ti aspetteresti; l'ultimo, null, significa "niente" o "nessun valore". Questi valori sono molto utili per PHP per prendere delle decisioni, ad esempio se il valore di una variabile è true esegui un comando.

Dai un'occhiata al seguente codice:

$variabile = false;

Fa esattamente quello che ti aspetti: rende $variabile falso. Ora guarda questo:

$variabile = 'false';

Questo fa esattamente il contrario di quello che potresti aspettarti: rende $variabile vero! Perché? Perché le virgolette attorno a false lo trasformano in una stringa e PHP considera le stringhe come vere. L'altra cosa da notare su questi valori è che non fanno distinzione tra maiuscole e minuscole. I seguenti esempi sono tutti validi:

$variabile = TRUE;

$variabile = tRuE;

$variabile = true;

Istruzioni condizionali

La vita è piena di decisioni così come PHP. Se hai esperienza con altri linguaggi di programmazione conosci già buona parte di questo sottocapitolo. Il processo decisionale in PHP utilizza dichiarazioni condizionali ed il più comune usa il se, avvicinandosi molto al linguaggio comune. Nella vita reale, potresti trovarti di fronte alla seguente decisione: se fa caldo, vado in spiaggia.

Nello pseudo-codice PHP, la stessa decisione è simile alla seguente:

if (fa caldo) {

vado in spiaggia;

}

La condizione da testare è racchiusa tra parentesi tonde mentre l'azione è racchiusa tra parentesi graffe. Questo è il modello decisionale di base:

if (la condizione è vera) {

// codice da eseguire se la condizione è vera

}

Il codice all'interno delle parentesi graffe viene eseguito solo se la condizione è vera. Se è falso, PHP ignora tutto ciò che è tra parentesi graffe e passa alla sezione successiva del codice. Nel codice precedente abbiamo inserito anche un commento, inizia con i simboli //.

A volte, l'istruzione if è tutto ciò di cui hai bisogno, ma spesso vuoi che venga invocata un'azione se la condizione non è soddisfatta. Per fare questo, usa else, in questo modo:

if (la condizione è vera) {

// codice da eseguire se la condizione è vera

} else {

// codice da eseguire se la condizione è falsa

}

Se vuoi più alternative, puoi aggiungere più istruzioni condizionali come questa:

if (la condizione è vera) {

// codice da eseguire se la prima condizione è vera

} elseif (la seconda condizione è vera) {

// codice da eseguire se la prima condizione fallisce ma la seconda condizione è vera

} else {

// codice se entrambe le condizioni sono false

}

Le dichiarazioni condizionali sono utili solo per verificare che la condizione testata è vera infatti se non è vera, deve essere falsa. Le condizioni dipendono spesso dal confronto di due valori. Questo valore è maggiore di quello? Sono uguali? E così via.

Per verificare l'uguaglianza, PHP utilizza due segni di uguale (==), in questo modo:

if ($profilo == 'amministratore') {

// invia alla pagina di amministrazione

} else {

// invia alla pagina utente

}

Allo stesso modo puoi usare i simboli maggiore di (>), minore di (<), maggiore o uguale (>=) o minore uguale di (=<), diverso da (!=) per comparare dei valori.

Spesso, confrontare due valori non è sufficiente. PHP consente di impostare una serie di condizioni utilizzando operatori logici per specificare se tutti o solo alcuni devono essere soddisfatti.

Gli operatori logici più importanti in PHP sono elencati nella seguente tabella:

&&	And	$a && $b	Equivale a vero se entrambi $a e $b sono veri
||	Or	$a || $b	Equivale a vero se $a o $b sono true; altrimenti, falso
!	Not	!$a	Equivale a vero se $a non è true

Mostrare risultati

Ovviamente è possibile visualizzare i risultati nella tua pagina web e per farlo esistono due modi in PHP: usare echo o print. Ci sono alcune sottili differenze tra i due, ma puoi considerarli equivalenti. È possibile utilizzare echo con variabili, numeri e stringhe; mettilo semplicemente davanti a qualunque cosa tu voglia visualizzare, in questo modo:

$nome = 'Filippo';

echo $nome; // visualizza Filippo

echo 5; // visualizza 5

echo 'David'; // visualizza David

Quando si utilizzano echo e print con una variabile, funzionano solo con variabili che contengono un singolo valore. Non è possibile utilizzarli per visualizzare il contenuto di un array o di un'estrazione da un database. Per fare ciò sono necessari i loop anche detti cicli: usi echo o print all'interno del loop per visualizzare ogni elemento singolarmente. Vedremo qualche esempio di questo tipo nei capitoli successivi.

Potresti vedere degli script che usano le parentesi con echo e print, in questo modo:

echo ('David'); // visualizza David

Le parentesi non fanno alcuna differenza e a meno che non ti piaccia scriverle per il gusto di farlo, non utilizzarle.

Quando si desidera visualizzare il valore di una singola variabile o espressione è possibile utilizzare un tag PHP abbreviato in questo modo:

<p> **Il mio nome è** <? = $nome; ?>. </p>

Questo produce esattamente lo stesso output di questo:

<p> **Il mio nome è** <? php **echo** $nome; ?>. </p>

Poiché si tratta di una scorciatoia, nessun altro codice può trovarsi nello stesso blocco PHP, ma è particolarmente utile quando si incorporano i risultati del database in una pagina Web. È ovvio che il valore della variabile deve essere impostato in un precedente blocco PHP prima di poter utilizzare questo tipo di visualizzazione.

Capitolo 5: Tipi di dati

PHP è ciò che è noto come un linguaggio **debolmente tipizzato**, in pratica, a differenza di altri linguaggi di programmazione (ad esempio Java o C #), a PHP non importa quale tipo di dati archiviate in una variabile.

Il più delle volte, questo è molto conveniente, anche se devi stare attento con l'input dell'utente. Potresti aspettarti che un utente inserisca un numero in un campo di un form, ma PHP non restituirà un errore se l'utente inserisce una parola. Per questo motivo è fondamentale controllare attentamente l'input dell'utente. Sebbene PHP sia tipizzato in modo debole, utilizza i seguenti otto tipi di dati:

- **Integer**: un numero intero, ad esempio 1, 25, 42 o 2006. I numeri interi non devono contenere virgole o punteggiatura per i separatori. Puoi anche usare numeri esadecimali, che dovrebbero essere preceduti da 0x (ad es. 0xFFFFFF, 0x000000).

- **Floats**: un numero che contiene un punto decimale, come 9.99, 98.6 o 2.1. PHP non supporta l'uso della virgola come punto decimale, comune in molti paesi europei infatti devi usare un punto. Come per i numeri interi, i numeri in virgola mobile non devono separatori per le migliaia.

- **String**: una stringa è un testo di qualsiasi lunghezza. Può essere breve con zero caratteri (una stringa vuota) e non ha limiti superiori.

• **Boolean**: questo tipo ha solo due valori: true o false.

• **Array**: un array è una variabile in grado di memorizzare più valori, sebbene possa anche non contenerne affatto (un array vuoto). Gli array possono contenere qualsiasi tipo di dati, inclusi altri array. Un array di array è chiamato array multidimensionale.

• **Object**: un oggetto è un tipo di dati complesso in grado di memorizzare e manipolare valori.

• **Resource**: quando PHP si connette ad una fonte di dati esterna, come un file o un database, memorizza un riferimento ad esso come risorsa.

• **NULL**: questo è un tipo di dati speciale che indica che una variabile non ha valore.

Un importante effetto collaterale della tipizzazione debole di PHP è che se racchiudi un numero intero o in virgola mobile tra virgolette, PHP lo converte automaticamente da una stringa in un numero, permettendoti di eseguire calcoli senza la necessità di alcuna gestione speciale. Sotto questo aspetto è diverso da JavaScript e può avere conseguenze inattese. Quando PHP vede il segno più (+), presume che tu voglia eseguire l'addizione, e quindi prova a convertire stringhe in numeri interi o in virgola mobile, come nell'esempio seguente:

$frutti = '2 mele';

$verdure = '2 carote';

echo $frutti + $verdure; // visualizza 4

PHP vede che sia $frutti che $verdure iniziano con un numero, quindi estrae il numero e ignora il resto. Tuttavia, se la stringa non inizia con un numero, PHP la converte in 0, come mostrato in questo esempio:

$frutti = '2 mele';

$verdure = 'e 2 carote';

echo $frutti + $verdure; // visualizza 2

La tipizzazione debole è una croce e delizia ma rende PHP molto semplice per i principianti. Ricorda che spesso è necessario verificare che una variabile contenga il tipo di dati corretto prima di utilizzarlo.

Capitolo 6: I cicli

While e do...while

Un ciclo è una sezione di codice che viene ripetuta fino a quando non viene soddisfatta una determinata condizione. I loop (o cicli) sono spesso controllati impostando una variabile che conta il numero di iterazioni. Aumentando la variabile di una ogni volta, il loop si ferma quando la variabile raggiunge un numero preimpostato. I loop sono inoltre controllati eseguendo ogni elemento di un array. Quando non ci sono più elementi da elaborare, il ciclo si interrompe. I loop contengono spesso istruzioni condizionali, quindi sebbene siano molto semplici nella struttura, possono essere utilizzati per creare codice che elabora i dati in modi complesso.

Il tipo più semplice di ciclo è chiamato ciclo while. La sua struttura di base si presenta così:

while (la condizione è vera) {

fai qualcosa;

}

Il codice seguente mostra ogni numero compreso tra 1 e 100 in un browser. Inizia impostando una variabile ($i) ad 1 e quindi utilizza la variabile come contatore per controllare il loop, oltre a visualizzare il numero corrente sullo schermo.

$i = 1; // imposta il contatore a 1

```php
while ($i <= 100) {

echo "$i <br>";

$i++; // aumenta il contatore di 1

}
```

Una variante del ciclo while utilizza la parola chiave do e segue questo modello di base:

```php
do {

codice da eseguire

} while (condizione da testare);
```

La differenza tra un do...while e un ciclo while è che il codice all'interno del blocco do viene eseguito almeno una volta, anche se la condizione non è mai vera. Il seguente codice mostra il valore di $i una volta, anche se è maggiore del massimo previsto.

```php
$i = 1000;

do {

echo "$i <br>";

$i++; // aumenta il contatore di 1

} while ($i <= 100);
```

Il pericolo con il do...while consiste nel dimenticare di impostare una condizione che porta alla fine del loop o l'impostazione di una condizione impossibile. Questo è noto come un ciclo infinito che blocca il computer o provoca l'arresto anomalo del browser.

45

For e foreach

Il ciclo for è meno incline a generare un ciclo infinito perché è necessario dichiarare tutte le condizioni del ciclo nella prima riga. Il ciclo for utilizza il seguente modello di base:

for (inizializzazione; condizione; codice da eseguire dopo ogni iterazione) {

codice da eseguire

}

Il codice seguente fa esattamente lo stesso del ciclo while precedente, mostrando tutti i numeri da 1 a 100:

for ($i = 1; $i <= 100; $i ++) {

echo "$i
";

}

Le tre espressioni tra parentesi controllano l'azione del ciclo (nota che sono separate da punti e virgola, non da virgole):

1. La prima espressione viene eseguita prima dell'inizio del loop. In questo caso, imposta il valore iniziale della variabile contatore $i su 1.
2. La seconda espressione imposta la condizione che determina per quanto tempo il ciclo dovrebbe continuare a funzionare. Può essere un numero fisso, una variabile o un'espressione che calcola un valore.

3. La terza espressione viene eseguita alla fine di ogni iterazione del ciclo. In questo caso, aumenta di $i di 1, ma non c'è nulla che ti impedisca di incrementare di 4, 10 o 50. Ad esempio, la sostituzione di $i++ con $i+=10 in questo esempio visualizzerà 1, 11, 21, 31 e così via.

L'ultimo tipo di ciclo in PHP viene utilizzato con matrici e oggetti. Assume due forme diverse, entrambe utilizzano variabili temporanee per gestire ciascun elemento. Se devi usare solo il valore dell'elemento, il ciclo foreach assume la forma seguente:

foreach (nomeVariabile as elemento) {

fai qualcosa con l'elemento

}

L'esempio seguente crea un ciclo sull'array $listaSpesa e visualizza il nome di ciascun elemento:

$listaSpesa = ['vino', 'pesce', 'pane', 'uva', 'formaggio'];

foreach ($ listaSpesa as $item) {

echo $item . '<br>';

}

Sebbene l'esempio precedente utilizzi un array indicizzato, è anche possibile utilizzare la forma semplice del ciclo foreach con un array associativo. La forma alternativa del ciclo foreach consente di accedere sia alla chiave che al valore di ciascun elemento. Prende questa forma leggermente diversa:

foreach (nomeVariabile as chiave => valore) {

fai qualcosa con chiave e valore }

Per terminare prematuramente un ciclo quando viene soddisfatta una determinata condizione, inserire la parola chiave break all'interno di un'istruzione condizionale. Non appena lo script viene interrotto, si uscirà dal ciclo.

Per saltare la valutazione del codice in un ciclo quando viene soddisfatta una determinata condizione, utilizzare la parola chiave continue. Invece di uscire dal ciclo, ritorna all'inizio del ciclo e si occupa dell'elemento successivo. Ad esempio, il ciclo seguente salta l'elemento corrente se $foto non ha valore:

foreach ($immagini as $foto) {

if (empty ($foto)) continue;

// codice per visualizzare una foto

}

Capitolo 7: Funzioni

Le funzioni offrono un modo conveniente per eseguire operazioni eseguite di frequente. Oltre al gran numero di funzioni integrate, PHP ti consente di creare le tue. Il vantaggio principale consiste nello scrivere il codice una sola volta, piuttosto che doverlo scrivere nuovamente ovunque tu ne abbia bisogno. Non solo accelera lo sviluppo, ma semplifica anche la lettura e la manutenzione del codice. Se c'è un problema con il codice nella tua funzione, puoi aggiornarlo in un solo punto anziché cercare ovunque. Inoltre, le funzioni di solito accelerano l'elaborazione delle tue pagine.

Costruire le tue funzioni in PHP è facile. È sufficiente racchiudere un blocco di codice in una coppia di parentesi graffe e utilizzare la parola chiave function per dare un nome alla nuova funzione. Il nome della funzione è sempre seguito da una coppia di parentesi. Il seguente esempio mostra la struttura di base di una funzione personalizzata:

```php
function saluta() {

echo 'Ciao!';

}
```

Puoi invocare questa funzione semplicemente scrivendo saluta(); in un blocco di codice PHP e sullo schermo vedrai Ciao!. Questo tipo di funzione esegue sempre esattamente la stessa operazione. Affinché le funzioni rispondano alle circostanze, è necessario passare loro dei valori come argomenti.

Supponiamo che tu voglia adattare la funzione in modo che mostri il nome di qualcuno. Puoi farlo inserendo una variabile tra parentesi nella dichiarazione di funzione. La stessa variabile viene quindi utilizzata all'interno della funzione per visualizzare qualunque valore venga passato alla funzione. Per passare più di un argomento a una funzione, separare le variabili con virgole tra parentesi aperte. Ecco come appare la funzione adesso:

```
function saluta($nome) {

echo "Ciao $nome!";

}
```

Ora puoi usare questa funzione all'interno di una pagina per visualizzare il valore di qualsiasi variabile passata a saluta(). Ad esempio, se hai un modulo online che salva il nome di qualcuno in una variabile chiamata $visitatore e Antonio visita il tuo sito, puoi salutarlo in modo personalizzato invocando la funzione saluta($visitatore); nella tua pagina.

È anche importante capire che le funzioni creano un ambiente separato che è come una scatola nera. Normalmente ciò che accade all'interno della funzione non ha alcun impatto sul resto dello script, a meno che non restituisca un valore. Le variabili all'interno di una funzione rimangono esclusive della funzione. Questo esempio dovrebbe illustrare cosa intendo:

```
function duplica ($numero) {

$numero *= 2;

echo '$numero è '. $numero. '<br>';
```

```
}

$numero = 4;

duplica($numero);

echo '$numero è '. $numero;
```

Le prime quattro righe definiscono una funzione chiamata duplica(), che accetta un numero, lo raddoppia e lo visualizza sullo schermo. Il resto dello script assegna il valore 4 a $numero. Quindi passa $numero come argomento a duplica(). La funzione elabora $numero e visualizza 8. Al termine della funzione, $numero viene visualizzato sullo schermo dalla funzione echo. Questa volta il valore sarà 4 e non 8 perché il valore non è stato restituito dalla funzione ma solo usato per la visualizzazione a schermo.

Ciò dimostra che $numero nello script principale è totalmente estraneo alla variabile con lo stesso nome all'interno della funzione. Questo è noto come **scope** o ambito della variabile. Anche se il valore della variabile cambia all'interno di una funzione, le variabili con lo stesso nome all'esterno non sono interessate. Per evitare confusione, è una buona idea utilizzare nomi di variabili nel resto dello script diversi da quelli utilizzati all'interno delle funzioni. Questo non è sempre possibile, quindi è utile sapere che le funzioni sono delle piccole scatole nere e normalmente non hanno alcun impatto diretto sui valori delle variabili nel resto dello script. Un altro aspetto importante è che una funzione non può normalmente accedere ai valori nello script esterno a meno che non vengano passati alla funzione come argomenti.

Esiste più di un modo per una funzione per modificare il valore di una variabile data in input, ma il metodo più importante è utilizzare la parola chiave return e assegnare il risultato alla stessa variabile o ad un'altra. Questo può essere dimostrato modificando la funzione duplica() in questo modo:

```
function duplica ($numero) {

return $numero *= 2;

}

$num = 4;

$raddoppiato = duplica($num);

echo '$num è: '. $num. '<br>';

echo '$raddoppiato è: '. $raddoppiato;
```

Questa volta, ho usato nomi diversi per le variabili per evitare di confonderle. Ho anche assegnato il risultato di duplica($num) a una nuova variabile. Il vantaggio di fare questo è che sono ora disponibili sia il valore originale che il risultato del calcolo. Non sempre è necessario mantenere il valore originale, ma a volte può essere molto utile.

Sebbene le funzioni non cambino normalmente il valore delle variabili passate come argomenti, ci sono occasioni in cui si desidera cambiare il valore originale anziché avere un valore di ritorno. Per fare ciò, quando si definisce la funzione, si antepone il parametro che si desidera modificare con una e commerciale (&), in questo modo:

```php
function duplica(&$numero) {

$numero *= 2;

}
```

Nota che questa versione della funzione duplica() non stampa a video il valore della variabile, né restituisce il valore del calcolo. Poiché il parametro tra parentesi è preceduto da una e commerciale (&), il valore originale di una variabile passato come argomento alla funzione verrà modificato. Questo è noto come passaggio per riferimento.

Il seguente codice dimostra l'effetto:

```php
$num = 4;

echo '$num è: ' . $num . '<br>';

duplica($num);

echo '$num ora è: ' . $num;
```

Se la tua funzione viene trovata nella stessa pagina in cui viene utilizzata, non importa dove la dichiari; può essere prima o dopo essere stata utilizzata. È una buona idea, tuttavia, dichiarare le funzioni insieme, nella parte superiore o inferiore di una pagina. Questo le rende più facili da trovare e manutenere. Le funzioni utilizzate in più di una pagina vengono archiviate in modo ottimale in un file esterno incluso in ciascuna pagina. L'inclusione di file esterni avviene tramite include e request. Quando le funzioni sono memorizzate in file esterni, è necessario includere il file esterno prima di usare una funzione.

Require e include

La possibilità di includere il contenuto di un file all'interno di un altro è una delle funzionalità più interessanti di PHP ed è anche una delle più facili da implementare. La maggior parte delle pagine di un sito Web condivide elementi comuni, come intestazione, piè di pagina e menu di navigazione. Puoi modificare l'aspetto di questi elementi in tutto il sito modificando le regole di stile in un foglio di stile esterno. Ma i CSS hanno solo una capacità limitata di modificare il contenuto degli elementi della pagina. Se vuoi aggiungere un nuovo elemento al tuo menu, devi modificare il codice HTML per ogni pagina che lo visualizza.

PHP supporta le inclusioni lato server (SSI) ovvero un file esterno che contiene codice dinamico o HTML (o entrambi) che si desidera incorporare in più pagine. PHP unisce il contenuto in ciascuna pagina Web sul server e poiché ogni pagina utilizza lo stesso file esterno, puoi aggiornare un menu o un altro elemento comune modificando e caricando un singolo file con un grande risparmio di tempo.

La possibilità di includere codice da altri file è una parte fondamentale di PHP. Tutto ciò che è necessario è utilizzare uno dei comandi include di PHP ed indicare al server dove trovare il file.

PHP dispone di quattro comandi che possono essere utilizzati per includere il codice da un file esterno:

- include
- include_once
- require
- require_once

Fanno tutti praticamente la stessa cosa, quindi perché averne quattro a disposizione? La differenza fondamentale è che include cerca di continuare l'elaborazione di uno script, anche se manca il file esterno, mentre require è usato nel senso inverso: se il file manca, il motore PHP interrompe l'elaborazione e genera un errore. In termini pratici, questo significa che dovresti usare include se la tua pagina rimarrebbe utilizzabile anche senza il contenuto del file esterno. Utilizza require se la pagina dipende dal file esterno.

Gli altri due comandi, include_once e require_once, funzionano allo stesso modo, ma impediscono che lo stesso file venga incluso più di una volta in una pagina, ciò è particolarmente importante quando si includono file che definiscono funzioni o classi. Il tentativo di definire una funzione o una classe più di una volta in uno script provoca un errore irreversibile. Pertanto, l'utilizzo di include_once o request_once garantisce che le funzioni e le classi siano definite una sola volta, anche se lo script tenta di includere il file esterno più di una volta.

Per includere un file esterno, usa uno dei quattro comandi seguito dal percorso del file come stringa: in altre parole, il percorso del file deve essere tra virgolette (singole o doppie, non importa). Il percorso del file può essere assoluto o relativo al documento corrente. Ad esempio, funzionerà in uno dei seguenti modi (purché esista il file di destinazione):

include 'includes/menu.php';

include 'C:/xampp/htdocs/phpsols/includes/menu.php';

include '/Applications/MAMP/htdocs/phpsols/includes/menu.php';

Quando si utilizza un percorso file relativo, si consiglia di utilizzare ./ per indicare che il percorso inizia nella cartella corrente. Pertanto, è più efficiente riscrivere il primo esempio in questo modo:

include './includes/menu.php';

Ciò che non funziona è l'utilizzo di un percorso di file relativo alla radice del sito, in questo modo:

include '/includes/menu.php';

Ecco come includere un footer comune a più pagine:

```php
<?php include './includes/footer.php'; ?>
```

Quando il motore PHP rileva un comando include, interrompe l'elaborazione di PHP all'inizio del file esterno e riprende nuovamente alla fine. Se si desidera che il file esterno utilizzi il codice PHP, il codice deve essere racchiuso tra tag PHP. Poiché il file esterno viene elaborato come parte del file PHP che lo include, un file include può avere qualsiasi estensione.

Alcuni sviluppatori utilizzano .inc come estensione del nome file per chiarire che il file deve essere incluso in un altro file. Tuttavia, la maggior parte dei server considera i file .inc come testo normale. Ciò comporta un rischio per la sicurezza se il file contiene informazioni riservate, come nome utente e password del database. Se il file è archiviato nella cartella principale del tuo sito Web, chiunque scopra il nome del file può semplicemente digitare l'URL nella barra degli indirizzi del browser e il browser visualizzerà tutti i dati sensibili!

D'altra parte, qualsiasi file con estensione .php viene automaticamente inviato al motore PHP per l'analisi prima di essere inviato al browser. Finché le tue informazioni sensibili si trovano all'interno di un blocco di codice PHP e in un file con estensione .php, queste non saranno esposte. Ecco perché alcuni sviluppatori utilizzano .inc.php come include in modo da avere una doppia estensione. La parte .inc ti ricorda che si tratta di un file include, ma i server sono interessati solo al .php alla fine, il che assicura che tutto il codice PHP sia analizzato correttamente.

Per molto tempo, ho seguito la convenzione di usare .inc.php per i file include. Ma dal momento che immagazzino tutti i miei file include in una cartella separata chiamata include, ho deciso che la doppia estensione è superflua infatti ora uso solo .php. Quale convenzione scegliere dipende da te, ma usare .inc è la meno sicura.

Per essere sicuri che una pagina esista puoi verificare tramite delle funzioni che PHP offre nativamente. Se una pagina sarebbe priva di significato senza il file include, è necessario reindirizzare l'utente a una pagina di errore se il file include è mancante.

Un modo per farlo consiste nel generare un'eccezione, in questo modo:

```php
<?php

$file = './includes/menu.php';

if (file_exists($file) && is_readable($file)) {

include $file;

} else {

throw new Exception("$file non trovato");

}

?>
```

Una caratteristica utile dei file include di PHP è che possono essere posizionati ovunque, purché la pagina con il comando include sappia dove trovarli. I file da includere non è nemmeno necessario che siano all'interno della radice del tuo server web, ciò significa che è possibile proteggere i file che contengono informazioni riservate, come le password, in una directory privata (cartella) a cui non è possibile accedere tramite un browser. Quindi, se la tua società di hosting fornisce un'area di archiviazione esterna alla radice del tuo server, dovresti prendere in considerazione l'opportunità di inserire lì i tuoi file da includere.

Ma perché non è possibile inserire un riferimento alla radice del sito? Quando si fa clic su un collegamento per passare a un'altra pagina, il percorso nel tag <a> indica al browser come passare dalla pagina corrente a quella successiva. La maggior parte degli strumenti di creazione web specifica il percorso relativo al documento corrente. Se la pagina di destinazione si trova nella stessa cartella, viene utilizzato solo il nome file. Se è superiore di un livello rispetto alla pagina corrente, il nome del file è preceduto da ../. Questo è noto come percorso o collegamento relativo al documento.

L'altro tipo di collegamento inizia sempre con una barra, che indica la radice del sito. Il vantaggio di un percorso relativo alla radice del sito è che non importa quanto sia profonda la pagina corrente nella gerarchia del sito, la barra (/) garantisce che il server Web cercherà dal livello superiore del sito. Sebbene i collegamenti relativi alla radice del sito siano molto più facili da leggere, PHP non riesce a gestirli.

È possibile convertire un percorso relativo alla radice del sito in uno assoluto concatenando la variabile globale $_SERVER ['DOCUMENT_ROOT'] all'inizio del percorso, in questo modo:

include $_SERVER['DOCUMENT_ROOT'].'/includes/nomefile.php';

La maggior parte dei server supporta $_SERVER['DOCUMENT_ROOT'], ma è necessario controllare la sezione Variabili PHP nei dettagli di configurazione visualizzati da phpinfo() per essere sicuri che funzioni.

Conclusioni

Sicuramente in questo ebook non abbiamo affrontato tutti i casi d'uso, tutte le possibili combinazioni che potresti trovare mentre programmi in PHP. Abbiamo analizzato le basi, partendo da una solida teoria sulla quale costruire alcuni esempi per facilitare la comprensione. Se hai imparato tutte le tecniche descritte qui, sei sulla buona strada per diventare un bravo sviluppatore PHP e con un po' più di sforzo, entrerai nel livello avanzato.

Non ti preoccupare se hai dovuto faticare a capire, ripassa i capitoli e vedrai che sarà tutto più chiaro. Non dimenticare che più ti alleni, più tutto diventa facile.

Se stai pensando: "Come posso ricordare tutto questo?", la risposta è che non è necessario ricordare tutto. Siamo nell'era del digitale quindi molti prima di te avranno avuto dubbi su come usare un loop ed è facile sbagliare se sei alle prime armi. Non vergognarti di cercare le cose. Ciò che rende semplice la programmazione per il Web non è una conoscenza enciclopedica delle funzioni e delle classi di PHP, ma una solida teoria su come funzionano le istruzioni condizionali, i loop e altre strutture che controllano il flusso di uno script.

Quando sei in grado di analizzare i tuoi progetti in termini di "se ciò accade, cosa dovrebbe succedere dopo?" sei già ad un livello successivo e sei tu che controlli il codice. Consulto frequentemente il manuale online di PHP e per me è come un dizionario, il più delle volte, voglio solo controllare di ricordare bene. Spesso trovo che qualcosa attira la mia attenzione e apre nuovi orizzonti, magari una nuova funzione che consente di risparmiare tempo e qualche riga di codice. Ti ringrazio per aver letto questo ebook e spero che questo sia solo il punto di partenza per costruire dei bellissimi siti Web, con molte funzioni in PHP, sfruttando tutte le sue potenzialità.

Don't miss out!

Visit the website below and you can sign up to receive emails whenever Oscar R. Frost publishes a new book. There's no charge and no obligation.

https://books2read.com/r/B-A-VXBZ-RRDAD

BOOKS 2 READ

Connecting independent readers to independent writers.

Did you love *PHP: Guida Completa allo Sviluppo e Programmazione di Siti Web Dinamici. Contiene Esempi di Codice ed Esercizi Pratici.*? Then you should read *C++: Guida Completa al Linguaggio e alla Programmazione ad Oggetti. Contiene Esempi di Codice ed Esercizi Pratici*[1] by Oscar R. Frost!

[2]

Impara subito a programmare con il linguaggio C++!
Ti piacerebbe programmare con il linguaggio C++ ma non sai da dove iniziare?Vorresti imparare a creare e definire variabili?Come posso mettere in pratica il linguaggio di programmazione C++?

---

1. https://books2read.com/u/3JLgvP

2. https://books2read.com/u/3JLgvP

Nel tempo il linguaggio C++ è divenuto ormai uno tra i più richiesti e utilizzati per la realizzazione di applicazioni web orientate soprattutto agli oggetti.

Grazie a questo libro imparerai a programmare perfettamente e a sfruttare al massimo tutte le potenzialità del linguaggio C++. Capitolo dopo capitolo verrai accompagnato in un viaggio che parte dalle principali nozioni di base fino ad arrivare ai concetti più complessi coinvolti in tale linguaggio di programmazione. Tanti esempi pratici coincisi che ti permetteranno di chiarire l'uso del linguaggio e la progettazione dei programmi. Alla fine del libro sarai in grado di comprendere a pieno tutte le funzionalità di C++ e di metterle in pratica.

Ecco che cosa otterrai da questo libro:

Che cosa è C++ e le sue basiI passaggi per programmare con C++La programmazione orientata agli oggettiTipi, costanti e variabiliLe varie funzioni e le loro caratteristicheI passaggi per creare e definire variabiliCome assegnare il valore di una variabile a un'espressioneEspressioni ed operatori aritmeticiLe assegnazioniVarie istruzioni di controlloEsempi praticiE molto di più!

Il linguaggio di programmazione C++ permette di scrivere codici in maniera efficiente, chiara e veloce. Proprio per questo motivo è uno dei metodi preferiti dai programmatori. Quindi cosa aspetti? Scopri subito tutti i meccanismi che si celano dietro C++ e mettili subito in pratica!

Also by Oscar R. Frost

Raspberry Pi: Scopri Tutti i Segreti per lo Sviluppo e
Programmazione del Micro Computer per Maker e Hobbisti.
Contiene Esempi di Codice ed Esercizi Pratici
MySQL: Guida Completa ai Database SQL per Principianti.
Contiene Esempi di Codice ed Esercizi Pratici.
Arduino: Scopri Tutti i Segreti per lo Sviluppo e la
Programmazione del Microcontrollore per Maker e Hobbisti.
Contiene Esempi di Codice ed Esercizi Pratici.
Angular: Guida Completa allo Sviluppo e Programmazione di
Siti Internet Dinamici e Web App con AngularJS. Contiene
Esempi di Codice ed Esercizi Pratici
C++: Guida Completa al Linguaggio e alla Programmazione ad
Oggetti. Contiene Esempi di Codice ed Esercizi Pratici
CSS: Guida Completa allo Sviluppo di Fogli di Stile per Web
Design e la Creazione di Siti Internet. Contiene Esempi di
Codice ed Esercizi Pratici
PHP: Guida Completa allo Sviluppo e Programmazione di Siti
Web Dinamici. Contiene Esempi di Codice ed Esercizi Pratici.

9 798224 226146